DIVERSIÓN CON COLORES

ROJO

por Anna C. Peterson

TABLA DE CONTENIDO

tadpole en español

PALABRAS A SABER

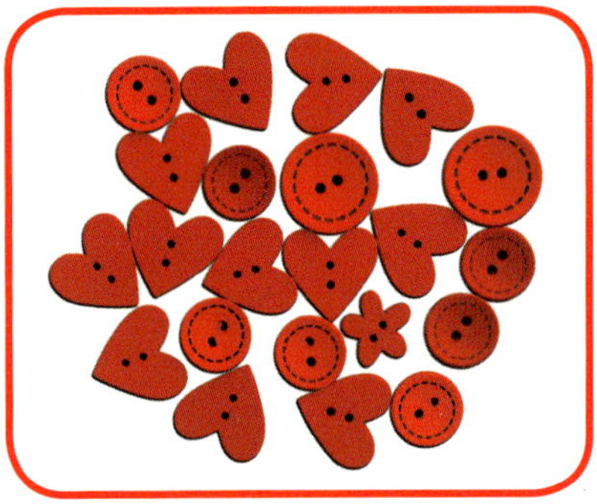

botones

camión

flores

globo

mariquitas

zapatos

ROJO

El rojo es un color.

camión

Este camión es rojo.

Este globo es rojo.

Es en forma de corazón.

Veo dos zapatos rojos.

mariquita

Veo tres mariquitas rojas.

¿Cuántas flores
rojas ves?

Estos botones son rojos.

¿Cuántos son redondos?

¡REPASEMOS!

Mira alrededor tuyo. ¿Qué más es rojo?

ÍNDICE